QUI NOMMERONS-NOUS PRÉSIDENT DE LA RÉPUBLIQUE?

C'est icy une *œuvre* de bonne foy.
MONTAIGNE.

VERSAILLES.

MARIE, ÉDITEUR, BOULEVARD DE LA LIBERTÉ.

1848

QUI NOMMERONS-NOUS
PRÉSIDENT DE LA RÉPUBLIQUE?

QUI NOMMERONS-NOUS

PRÉSIDENT DE LA RÉPUBLIQUE ?

C'est icy une *œuvre* de bonne foy.
MONTAIGNE.

Telle est la grande question qui s'agite en ce moment d'un bout de la France à l'autre.

Cette grande question nous intéresse tous également, depuis le premier jusqu'au dernier des citoyens ; cette grande question, nous sommes tous également appelés à la résoudre ; cette grande question, chacun de nous doit l'examiner avec prudence, avec recueillement, avec anxiété, car non-seulement chacun de nous répond devant Dieu et devant sa conscience des résultats du vote qu'il déposera dans l'urne du scrutin, mais chacun de nous engage sur son vote, et les destinées de sa patrie, et ses destinées personnelles ; chacun de nous engage sur son vote sa liberté, son repos, sa fortune s'il en a, son industrie et son travail, s'il n'a pas de fortune ; toutes ses affections, tous ses intérêts les plus chers, son avenir tout entier, sa vie peut-être.

Remarquons d'abord que c'est la première fois dans notre histoire que le peuple français tout entier est appelé à exercer avec une pleine liberté, à l'abri de toute pression des hommes ou des choses, une influence aussi considérable sur ses destinées.

C'est la première fois que chaque citoyen livré à lui-même, en pleine paix, n'ayant d'autre juge que sa raison, garanti de toute contrainte physique et morale par le mystère du scrutin, est appelé à choisir librement entre plusieurs candidats possibles le premier magistrat de son pays.

Avant 89, on disait : Le roi est mort, vive le roi ! Et le plus proche héritier du mort, qu'il fût intelligent ou imbécile, bon ou méchant, agréable ou désagréable au peuple, entrait immédiatement en possession de la France comme d'une propriété.

Depuis 89 tous les gouvernements qui se sont succédé en France, même ceux qui s'appuyaient sur le principe de la souveraineté du peuple, ont plus ou moins méconnu cette souveraineté, soit en s'imposant à elle, soit en se proclamant d'abord, sauf à se faire ratifier ensuite par des votes assurés d'avance, et plus ou moins dénués de sincérité et de liberté.

La République de février elle-même s'est trouvée obligée de se proclamer d'abord avant d'en appeler au peuple. Elle a commencé par exister en fait avant d'exister en droit. Du 24 février au 4 mai, suivant les propres paroles de M. Ledru-Rollin, la République n'est qu'*un fait*. Le 4 mai seulement l'adhésion des représentants du peuple élus par le suffrage universel lui donne la puissance d'un droit. — Mais, ici encore, les adversaires de la République peuvent trouver matière à contestation, ils peuvent dire qu'il y a eu acclamation sans délibération, ils peuvent dire qu'il y a eu pression, intimidation de la part de la population parisienne; ils peuvent arguer des circulaires et des commissaires de M. Ledru-Rollin, pour contester la liberté des élections; ils peuvent aller jusqu'à contester même la sincérité du vote que plus tard l'Assemblée, complétement maîtresse de la situation, a rendu à l'unanimité pour fonder constitutionnellement la République; ils peuvent dire que ce vote, avec les apparences de la liberté, n'est que la conséquence obligée d'une première contrainte.

Ils peuvent dire tout cela, les adversaires de la République, et ils le disent plus ou moins ouvertement, et voilà pourquoi l'élection du président, accomplie par le peuple français tout entier, au sein d'une liberté complète, si elle offre quelques inconvénients, quelques difficultés, quelques dangers, a du moins cet immense avantage de fournir au peuple français une magnifique occasion d'exprimer sa volonté d'une manière nette et définitive, de dissiper tous les doutes, toutes les incertitudes, toutes les contestations, et, s'il fait un choix républicain, d'asseoir enfin la République sur une base désormais inébranlable.

D'où il suit que la première question que nous posions tout à l'heure en ces termes :

Qui nommerons-nous président de la République?

dépend essentiellement de cette autre question, plus importante encore, que nous n'hésitons pas à poser dans toute sa nudité :

Voulons-nous, oui ou non, maintenir la République?

Comme nous ne sommes pas de ceux qui se bouchent les oreilles pour ne pas entendre, nous entendons d'ici un certain nombre de citoyens de bonne foi qui, sans avoir aucun parti pris pour la monarchie, nous répondent :

« Nous n'y tenons pas du tout, à la République; elle s'est faite sans nous, on l'a proclamée sans nous consulter, nous l'avons tolérée d'abord, acceptée ensuite, nous n'en sommes point encore à l'aimer; si nous la jugeons par les résultats qu'elle a produits jusqu'ici, nous trouvons qu'elle a augmenté les impôts, paralysé le crédit, le commerce, l'industrie, les arts; accru la misère, diminué les libertés et produit la guerre civile : voilà pourquoi nous ne tenons pas à la République. »

Tel est le langage d'un certain nombre de citoyens.

D'autres, moins sincères, ajoutent dans leur cœur : « Avant le 24 février nous étions puissants, nous tenions dans nos mains le gouvernement du pays; électeurs à 200 francs, privilégiés du cens, nous étions courtisés, placés, pensionnés, nous, nos enfants et nos amis, par des députés qui achetaient nos suffrages; députés ministériels, nous livrions nos voix au gouvernement, en échange de l'administration et du trésor public qu'il nous livrait. La Révolution de Février a mis fin à cet échange lucratif de bons procédés, comment pourrions-nous pardonner à la Révolution de Février? »

A ceux qui se parlent ainsi à eux-mêmes nous n'avons rien à répliquer, tous les raisonnements du monde ne les convertiraient pas. Heureusement pour la France et pour la République ils ne formaient autrefois qu'une très-faible majorité dans un corps de 200,000 électeurs, et ils ne forment plus aujourd'hui qu'une minorité imperceptible dans une masse de 8 ou 10 millions d'électeurs.

Quant aux citoyens de bonne foi, qui se plaignent de la République parce que son établissement a eu d'abord pour résultat de diminuer la sécurité et le bien-être de tous, nous faisons un appel à leur bon sens et nous leur disons ceci :

Prenez garde, que vous confondez une Révolution et une République, une Révolution dont les inconvénients sont toujours à peu près les mêmes, et des institutions qui, si elles parviennent à se fonder une fois parmi nous, auront précisément pour résultat d'en finir avec les révolutions.

Oui, la crise de 1848, comme toutes les crises de même nature, a produit d'abord les maux qui vous blessent et vous alarment. Nous vous accordons même qu'elle a ébranlé la société en proportion du mouvement en avant qu'elle lui imprimait, en proportion aussi des erreurs, des faiblesses et des mauvaises passions qui ont tenté de l'égarer, de la pervertir; mais, sans discuter ici la quotité de malaise social que le gouvernement tombé léguait au gouvernement nouveau, nous vous demandons en conscience si c'est par une révolution nouvelle que vous espérez faire disparaître les maux inséparables des premiers jours d'une révolution. Nous vous demandons en conscience si c'est une monarchie nouvelle qui garantira à la France ce que trois monarchies essayées depuis quarante-quatre ans, sous toutes les formes, n'ont pu lui garantir, savoir : un gouvernement durable et définitif à l'abri duquel le progrès social s'accomplisse graduellement, sans déchirements, sans secousses, sans provoquer ces commotions terribles qui remettent en question toutes les existences, bouleversent tous les rapports établis, surexcitent toutes les passions, toutes les ambitions, tous les appétits et font planer sur une nation l'effrayante image du chaos.

N'est-il pas évident pour quiconque lit avec un esprit droit l'histoire de notre pays depuis 1804, depuis le rétablissement du principe monarchique, n'est-il pas évident que la France ressemble à un propriétaire qui dépenserait immensément de temps, de peine et d'argent à bâtir et rebâtir sans cesse, sur de mauvais fondements, une maison qui s'écroule sans cesse! Quand la maison est achevée, quand elle est bien meublée, bien ornée, bien garnie de locataires; quand elle constitue une valeur, en apparence considérable, sur laquelle on a fait de nombreux emprunts et consenti bon nombre d'hypothèques, survient un coup de vent qui la renverse comme un château de cartes.

Au lieu de s'enquérir de la solidité des fondements, le propriétaire, désireux d'ailleurs de rebâtir au plus vite, se persuade volontiers que son malheur lui est venu de tel ou tel défaut de construction dans les parties secondaires de l'édifice; il y a eu trop de fenêtres ou pas assez, la maison était construite en plâtre, il fallait employer le mortier, les escaliers étaient mal disposés, les cheminées trop hautes; la charpente était mal assemblée, c'est elle dont la chute a entraîné celle de la maison; la couleur même dont la maison était peinte a pu lui nuire, le nom inscrit sur sa façade lui aura porté malheur. Il faut changer tout cela; on se remet à l'œuvre, et toujours sur les mêmes fondements, on rebâtit à grands frais une nouvelle maison, on dispose autrement les escaliers, les fenêtres, les cheminées, la charpente. Sur la façade de la première maison on avait écrit *Monarchie impériale;* sur la façade de la seconde on écrit *Monarchie légitime.* La première était peinte en tricolore, la seconde sera peinte en blanc ; sur la porte de l'une il y avait un aigle, sur la porte de l'autre on met des fleurs de lis. Cela fait, on s'y installe magnifiquement, et au bout de quelques années arrive encore un coup de vent qui emporte la maison.

Le propriétaire ne se décourage pas; sur les mêmes fondements, aux mêmes frais, avec la même confiance, il rebâtit une troisième maison, il modifie encore les escaliers, les cheminées, la charpente, il repeint la maison en tricolore, sur la façade il écrit *Monarchie constitutionnelle,* sur la porte il remplace les fleurs de lis par un coq, et il s'installe pour la troisième fois dans cette maison; il emprunte hardiment sur cette maison, persuadé qu'elle est maintenant bâtie pour des siècles; quelques années passent, autre coup de vent, même démolition, tout s'écroule en un jour, tout est détruit, tout est à refaire.

Ne serions-nous pas insensés si nous recommencions une quatrième *baraque* monarchique avant même d'avoir essayé d'un édifice construit sur d'autres fondements? Ne serions-nous pas insensés si nous nous découragions dès le premier jour, parce que, obligés de creuser plus largement et plus avant dans le sol, nous bâtissons avec plus de lenteur et de peine afin de bâtir plus solidement?

N'est-il pas évident d'ailleurs que l'édifice nouveau, inachevé encore, offre déjà des garanties de solidité que n'offrit jamais l'ancien édifice? Quelle monarchie absolue ou constitutionnelle eût résisté aux effroyables tempêtes qui ont assailli la République dans son berceau? Si un mois avant le 24 février on nous eût dit que la France, emportée par une impulsion irrésistible, franchirait en un jour l'espace de plusieurs siècles, que d'un bond, comme les dieux d'Homère, elle irait de l'un à l'autre pôle du monde politique, de l'électeur à 200 francs au suffrage universel, du climat de la Sibérie au climat de l'Italie, de l'atonie d'une vie d'isolement et de langueur aux agitations fiévreuses du forum; si l'on nous eût dit que pendant trois mois, en l'absence de toute force publique, de tout frein légal, de toutes ressources d'autorité, tous les sophismes, tous les mensonges, toutes les mauvaises passions se déchaîneraient pour souffler le feu de la sédition au cœur de 200,000 hommes armés et abandonnés aux tentations de la licence et de la misère; si l'on nous eût prédit ces choses avant février, si quelqu'un eût évoqué devant nos yeux cet avenir si prochain, qui ne se serait écrié : Mais c'est la fin du monde que vous nous racontez, mais il n'y a pas de société, pas de gouvernement qui puisse résister à de pareilles épreuves, mais ce serait le retour à la barbarie, mais la France ne survivrait pas à ce cataclysme ! . . . .

Eh bien! tout cela est arrivé; tout cela, nous l'avons vu : pendant des mois entiers nous avons vu se tarir les sources de la production, les ateliers se fermer, l'argent s'enfouir, les méchants, les ambitieux, les sycophantes élever impunément leurs tréteaux sur la place publique, et, chaque matin, alimenter le peuple avec le poison du mensonge, de la haine et de la calomnie. Pendant des mois entiers nous avons entendu presque chaque matin la sédition gronder dans les rues; nous avons vu enfin l'ignorance et la barbarie, menées par l'intrigue, livrer bataille à la civilisation, et la civilisation et la République menacées d'être abîmées ensemble dans un gâchis sanglant, informe et sans nom.

Et pourtant la civilisation et la République ont survécu; elles ont triomphé, appuyées l'une sur l'autre. L'influence du principe républicain, l'influence de la vie démocratique, a communiqué à toute la partie saine du corps social une force invincible. Les barrières artificielles, qui, la veille encore, séparaient les classes, isolaient les citoyens, étant tombées, on a vu des degrés les plus éloignés de l'échelle sociale se rapprocher, s'unir, échanger des idées, se prêter un mutuel secours et veiller ensemble au salut commun tous ceux qui, sous la blouse comme sous l'habit, portaient un cœur généreux, un cœur accessible au sentiment du bien et du mal, du juste et de l'injuste, tous ceux qu'un esprit droit préservait de la contagion des mauvaises doctrines, tous ceux, enfin, qui éprouvaient également le besoin de l'ordre et l'horreur de l'anarchie, de la violence, de la spoliation!

C'est par ce contact fraternel et démocratique de tous les nobles cœurs, de tous les esprits sensés, dans toutes les classes, dans toutes les professions, que la société a été sauvée; c'est par lui que le suffrage universel, dont l'épreuve était si redoutée, a donné en général des résultats si satisfaisants ; c'est par lui que l'Assemblée nationale et le Pouvoir exécutif ont pu maîtriser le débordement des factions, achever la Constitution et travailler en paix à l'affermissement de l'ordre nouveau.

Et c'est au moment où nous avons enfin traversé ces terribles épreuves unis et forts sous le drapeau républicain, au moment où l'ordre est rétabli dans nos rues, où le bon sens reprend son empire sur tant d'esprits plus égarés que coupables, où les charlatans voient déserter leurs tréteaux, où la confiance et la paix commencent à rentrer dans les âmes, où le mouvement fécond de l'industrie, du commerce et des arts commence à renaître, où la société, enfin, reprend son assiette et s'organise pour la démocratie; c'est à ce moment que nous tous, qui n'avons pas fait la Révolution de Février, mais qui l'avons acceptée, nous viendrions de gaieté de cœur et comme pour prendre une revanche dont le poids retomberait sur nous-mêmes, nous viendrions tout remettre en question, frapper d'un coup mortel le crédit, le commerce, l'industrie qui se relèvent à peine, ranimer les discordes qui s'apaisent, et rallumer la guerre civile qui vient de s'éteindre.

Une telle supposition serait une injure au bon sens public.

La France veut donc, elle ne peut pas ne pas vouloir le maintien de la République.

Mais comment se maintiendra la République?

Est-ce en se jetant dans une série d'entreprises violentes contre la société? Évidemment non : car, si nécessaire que soit, comme nous l'avons prouvé, le gouvernement républicain à la société; la société est encore plus nécessaire au gouvernement républicain; violentée par lui, elle le briserait infailliblement; elle n'aurait pas même besoin de le briser, il lui suffirait de s'abstenir, et le gouvernement républicain tomberait de lui-même.

Si le gouvernement républicain ne peut se maintenir par la violence, il ne se maintiendra pas davantage par l'exclusion. L'esprit étroit et intolérant d'une coterie, d'une petite église hors de laquelle point de salut lui serait mortel. La République a eu cet immense bonheur que, si elle a été présentée par quelques-uns, elle a été acceptée à peu près par tous. Le passé était si désenchanté de lui-même qu'il s'est rendu sans combat. De ce côté-là il peut encore y avoir à surveiller quelques intrigues; mais le gouvernement républicain n'a à craindre d'autres inimitiés que celles qu'il ferait naître lui-même, si, refusant d'appeler à lui toutes les probités reconnues, tous les talents éprouvés, tous les dévouements sincères, il avait la prétention folle de tenir, pour ainsi dire, dans une quarantaine permanente et la majorité et l'élite de la France.

Est-ce à dire que ce gouvernement doit être un gouvernement de confusion, se servant indistinctement, sans garantie et sans choix, de tous les hommes, de tous les partis; caressant également tous les systèmes bons ou mauvais, toutes les idées raisonnables ou insensées, disant blanc aujourd'hui et demain noir, vivant d'expédients, se payant de mots, semant l'incertitude et récoltant la désaffection, évidemment non. Ce gouvernement doit avoir un système de conduite et s'y tenir.

Il ne doit être ni une réaction, ni une révolution en permanence, ni une confusion; il doit être un gouvernement de transaction entre tous les intérêts légitimes, un gouvernement de conciliation entre tous les hommes de bonne foi, entre tous les talents honnêtes, entre toutes les idées utiles. Mais, pour réussir, cette œuvre de transaction et de conciliation doit être menée avec décision, bon sens et vigueur, de manière à ce que personne ne soit tenté de la troubler par la violence, et ne puisse la compromettre par la ruse ou l'aberration.

Ces divers points établis, la solution de la grande question qui agite en ce moment la France, et que nous avons posée en commençant, devient facile :

Qui nommerons-nous président de la République?

Si nous voulons que la République soit maintenue, si nous reconnaissons que dans l'état des choses une nouvelle révolution porterait un coup mortel à la prospérité et à la grandeur de la France, si nous reconnaissons également que la République ne peut être maintenue que par un gouvernement de transaction, de conciliation, mais aussi un gouvernement de décision et de fermeté, un gouvernement pourvu de toute la vigueur nécessaire pour comprimer l'esprit de faction et déjouer l'esprit d'intrigue; si nous reconnaissons tout cela, nous choisirons évidemment entre les divers candidats l'homme qui remplit le mieux ces conditions.

Nous commencerons par écarter tous les noms *hostiles*, *suspects* ou *douteux* au point de vue républicain, puisque nous voulons maintenir la République.

LE MARÉCHAL BUGEAUD.

Nous écarterons d'abord le maréchal Bugeaud, que quelques-uns mettent en avant. Choisir le commandant malheureux de la force armée au 24 février, sans parler des autres antécédents politiques de ce candidat, ce serait tout simplement déclarer la guerre au gouvernement républicain et proclamer la contre-révolution. Or, la contre-révolution, nous l'avons prouvé, ce serait la ruine de la France.

M. THIERS.

Nous écarterons également M. Thiers, dont on parle aussi, et qui vient du reste d'annoncer par l'organe du *Constitutionnel* qu'il ne se présentait pas. M. Thiers est certainement un orateur très-habile, très-lucide, un homme d'État très-utile souvent dans la discussion des affaires. Sa présence à l'Assemblée nationale a pu, et pourra servir à dissiper l'erreur, à empêcher le mal; mais, placé à la tête du gouvernement, il offrirait les mêmes inconvénients, exposerait la France aux mêmes dangers que M. Bugeaud, et de plus, n'ayant point pour se faire obéir le prestige de l'épée, il se trouverait impuissant, dès le premier jour, à comprimer les tempêtes que sa seule présence au pouvoir ne manquerait pas de faire éclater.

Arrêtons-nous un peu plus longtemps sur une autre candidature également anti-républicaine, mais que l'on présente comme ayant plus de chances de succès que les deux autres.

M. LOUIS BONAPARTE.

Quel citoyen sensé, ami de son repos, ami du repos et de la prospérité de son pays, pourrait prendre sur lui la responsabilité des conséquences attachées au choix de M. Louis Bonaparte comme président de la République?

On connaît les antécédents de ce candidat, on sait qu'il n'offre aux électeurs d'autre titre de recommandation que les deux équipées de Strasbourg et de Boulogne, la qualité de neveu de son oncle, dont il n'a rien, pas même le visage, et son *nom* qu'il assure être propre à consolider la société.

Remarquons que M. Louis Bonaparte ne dit pas la *République;* et il a raison, car son nom en est la négation; sous ce rapport, il devrait déjà, d'après nos raisonnements précédents, être écarté dans l'intérêt même de la *société.*

Les habiles, les *faiseurs* qui se rallient autour de la candidature de M. Bonaparte ne se dissimulent pas la fragilité d'une combinaison appuyée sur un nom. Aussi essaient-ils par leurs émissaires de persuader aux citoyens peu éclairés, aux paysans, que c'est Napoléon lui-même qui renaît dans son neveu, tandis qu'aux autres ils disent naïvement que cette candidature a cela de bon qu'elle *n'exclut rien.*

Une petite fraction du parti légitimiste, peu scrupuleuse sur le choix des moyens, paraît également disposée à adopter cette candidature, comme instrument de contre-révolution, et nous déclare par la voix d'un journal, que M. Louis Bonaparte est le *point de départ de la pente contraire.* Tout cela est parfaitement vrai, il est parfaitement vrai que la combinaison bonapartiste *n'exclut rien,* c'est-à-dire qu'elle ouvre la porte à toutes les intrigues, à toutes les menées des prétendants plus sérieux, et par suite à toutes les violences des socialistes ardents; enfin, à toutes les chances de perturbation. Elle n'exclut rien en effet, excepté la République modérée; excluant la République modérée, elle exclut, nous l'avons démontré, toutes les garanties d'ordre social, de pacification intérieure, de reprise du mouvement industriel que l'affermissement et le jeu régulier des institutions actuelles peuvent seuls nous donner; elle nous rejette dans les anxiétés que nous venons de traverser; elle nous rejette dans l'imprévu, dans l'inconnu, dans le chaos : voilà pourquoi elle doit être repoussée, non-seulement par les républicains de conviction, mais par tous les hommes qui, quelles que soient leurs opinions, estiment qu'en ce moment l'ordre et la paix sont les premiers besoins de la France.

On assure cependant que quelques esprits ingénus croient que M. Louis Bonaparte est à la fois l'homme le plus propre et le plus disposé à travailler à la fondation de la République modérée.

Il faut une étrange candeur pour se livrer à de pareilles illusions. M. Louis Bonaparte, qu'on appelle encore un *jeune homme* par habitude, n'est plus un jeune homme, il a maintenant quarante ans sonnés. Or, si une idée se détache sur le fond de sa vie et peut donner un certain caractère à sa physionomie d'ailleurs assez terne; c'est, à coup sûr, l'infatuation du nom, l'entêtement de la légitimité impériale; cette idée fixe l'a conduit successivement à Strasbourg et à Boulogne; cette idée qu'il est l'héritier naturel de son oncle, perce dans tout ce qu'il a fait, dans tout ce qu'il a écrit; innée en lui, cette idée n'a pu que s'échauffer encore au contact de l'aristocratie anglaise au milieu de laquelle M. Louis Bonaparte a passé une grande partie de sa vie. Croire que la présidence de la République éteindrait dans son cœur les prétentions impériales, c'est croire que le voisinage d'un verre d'eau qu'on promet de ne pas boire suffit pour éteindre une soif ardente.

Mais M. Louis Bonaparte voulût-il d'ailleurs travailler sincèrement à la fondation de la République, son entourage ne le permettrait pas. Cet entourage de princes et de princesses déchus, de thuriféraires en réforme, de vieux chambellans, de vieilles dames de la cour impériale ne s'étonne et ne se scandalise que d'une chose, c'est que Napoléon III consente à passer par la présidence au lieu de brusquer la situation, de renverser la République en un tour de main, et de saisir le sceptre avec l'audace qui convient à l'héritier naturel de sa majesté l'Empereur et Roi.

Dans ce monde là, on ne fait nul doute que les républicains violents qui fermentent encore au sein de la société, et qu'une main ferme et républicaine peut seule contenir, se laisseront tranquillement escamoter la République par un gentleman bien élevé, poli, de mœurs douces, qui ne sait ni parler ni agir, mais qui se gante bien et saurait au besoin passer la redingote grise et se coiffer du petit chapeau !

Or, quelle figure ferait tout d'abord ce président suspect en présence d'une Assemblée nationale qui le repousse, qui se défie de lui et dont l'immense majorité est justement jalouse de la souveraineté qu'elle tient du peuple et de la prépondérance que lui donne la constitution? Pense-t-on que pour tout calmer, tout apaiser, tout arranger, il suffirait à M. Louis Bonaparte de nous offrir je ne sais quel salmigondis ministériel dont on parle, et qui consisterait à entasser pêle-mêle dans le même cabinet des impériaux, des philippistes, des légitimistes et quelques charlatans sans couleur ! Et si la politique de salmigondis ne réussissait pas, tenterait-on un 18 brumaire? Mais, pour faire un 18 brumaire, il faut avoir, comme l'a très-bien dit M. de Lamartine, il faut avoir de longues années de terreur et d'anarchie par derrière et des Marengo par-devant.

Quelle serait maintenant l'attitude de la garde nationale au milieu d'un conflit inévitable ! Tant que le terrorisme *antisocial*, qui se nomme la République *sociale*, a grondé dans nos rues, la garde nationale a marché comme un seul homme, et elle a décidé par sa tenue l'admirable élan de la garde mobile et de la troupe de ligne. Tant que la société sera de nouveau mise en péril par les émeutes *socialistes*, la garde nationale marchera de même. Mais, le jour où d'un côté on crierait Vive Napoléon! Vive l'empereur! et de l'autre Vive l'Assemblée nationale! Vive la République! qui peut penser que la garde nationale se retrouverait avec la même unité, la même ardeur pour le maintien de l'ordre, quand elle aurait à se demander où est l'ordre, où est l'autorité, où est la loi!

Qui peut envisager sans frémir la perspective d'une pareille situation : Paris livré de nouveau à la guerre civile, les plus mauvaises passions pouvant s'abriter sous le drapeau de la République menacée, des socialistes exaspérés, une force armée indécise, une garde nationale divisée, une Assemblée nationale peut-être aux prises avec elle-même, et pour toute ancre de salut un fantôme d'empereur!

Nous le demandons encore une fois, quel homme de sens et de cœur voudra prendre sur lui la responsabilité de cet avenir en jetant dans l'urne le nom de M. Louis Bonaparte!

Supposons enfin, car on peut tout supposer, que cet empereur postiche n'ait qu'à paraître pour éblouir et captiver la France; supposons que tout ce qui s'est attaché à la République, engagé dans la République, l'abandonne sans résistance, que tous les partis se courbent docilement sous la main débile de M. Louis Bonaparte, que l'Assemblée nationale, que la garde nationale, que l'armée se précipitent à l'envi aux pieds de ce prétendu sauveur : nous le demandons également à quiconque porte au cœur l'amour et l'orgueil de la patrie, que dirait de nous l'Europe, que dirait le monde!

Ainsi nous n'aurions échappé à une caricature de 93 que pour tomber dans une caricature de l'Empire, qui nous conduirait à une caricature de la Restauration et ainsi de suite indéfiniment, jusqu'à ce que, de crise en crise, de petitesse en petitesse, nous fussions descendus du premier au dernier rang des nations! Ainsi la France, abdiquant son initiative dans le monde, se traînerait mesquinement dans nne singerie impuissante de son passé! Ainsi ce grand mouvement révolutionnaire de 89, qui, contenu et dirigé par la raison, doit peu à peu retremper, régénérer l'humanité, aurait perdu toute signification et ne serait plus que la rotation misérable, ridicule et stérile de l'écureuil dans sa cage!

Qu'on y songe, que tous les bons citoyens y songent, ce serait le déclin, la décrépitude, l'agonie de la France! Dirons-nous par hasard, comme les Turcs, ce peuple mourant de la maladie du fatalisme, dirons-nous en fermant les yeux : Qu'importe si cela doit être, cela sera! Erreur grossière, erreur funeste! les peuples, comme les individus, sont libres, sont responsables de leurs actes et font eux-mêmes leur destinée.

Que tous ceux donc qui comprennent les dangers que le succès de la candidature de M. Louis Bonaparte ferait courir, non-seulement à la République, mais à la patrie, dont l'intérêt se confond aujourd'hui avec celui de la République, à la paix, à la prospérité, à la liberté, à la grandeur de la patrie; que ceux-là s'attachent à éclairer tous ceux qui ne comprennent pas; et la France, qui vient de prouver qu'elle ne voulait point d'une parodie de la terreur, prouvera également qu'elle ne veut pas davantage d'une parodie de l'Empire, et la candidature de M. Louis Bonaparte sera écartée.

Reste à parler des trois candidatures républicaines qui peuvent diviser les voix.

M. LEDRU-ROLLIN.

Nous dirons peu de chose de la candidature de M. Ledru-Rollin. L'orateur du *Chalet* aime certainement la République; mais il l'aime à sa manière, qui n'est pas celle de la France. Sans être aussi violent qu'on le croit, M. Ledru-Rollin a la monomanie de 93, moins l'échafaud, mais y compris l'emprunt forcé, le maximum et les assignats: c'est son beau idéal. Comme la France ne veut pas de cette République; comme la France est persuadée que M. Ledru-Rollin lui-même serait bientôt débordé par M. Louis Blanc, ce dernier par M. Proudhon, et M. Proudhon par quelque autre *guérisseur* du corps social, encore plus intrépide que lui, et que le résultat final de toutes ces belles expériences serait la misère et la mort, la France ne nommera pas M. Ledru-Rollin. Mais si les suffrages républicains qui vont se perdre sur ce nom sont intelligents, ils comprendront qu'il ne s'agit pas en ce moment de s'attacher à une doctrine ou à un homme, qu'il s'agit de préserver la République d'un prétendant, et d'accepter, faute de mieux, le candidat républicain qui a le plus de chances.

Passons à M. de Lamartine.

M. DE LAMARTINE.

Si nous étions dans des temps ordinaires, si la République n'avait pas vu d'autres jours que les premiers jours de février, aucun nom ne serait plus naturellement désigné aux suffrages de tous que le beau nom de M. de Lamartine.

La République qu'il avait rêvée, cette République idéale de concorde inaltérable et de fraternité absolue, qu'il aurait voulu créer par la magie de sa parole harmonieuse, comme autrefois Amphion construisait des villes avec une lyre, cette République est restée à l'état de rêve. Tant que la France a pu croire que ce rêve deviendrait une réalité, M. de Lamartine a été l'homme de la France; et les dix départements qui se disputèrent l'honneur de l'envoyer à l'Assemblée nationale saluaient en lui la séduisante et magnifique espérance dont sa parole avait bercé les âmes.

Cette espérance a été cruellement déçue, et à l'enthousiasme a succédé l'injustice. M. de Lamartine avait cru conjurer les orages en les caressant; il les ajournait, et en les ajournant il leur donnait le temps et la possibilité de grossir, jusqu'au moment où ils ont fini par éclater avec une force terrible.

Devant ce déchaînement formidable de passions mauvaises, la persuasion est devenue impuissante; et l'homme de l'éloquence a dû se retirer pour faire place à l'homme de l'action, de la résolution, de la résistance.

Sommes-nous assez loin de ces funèbres jours de la guerre civile, les esprits sont-ils suffisamment apaisés, les haines suffisamment amorties, les factions suffisamment désarmées, pour qu'on puisse sans danger confier les destinées de la République à ces mêmes mains qui n'ont pu ni prévenir la bataille, ni la gagner ?

Qui pourrait, en se rappelant l'attitude dévouée, généreuse, personnellement courageuse, mais politiquement flottante et indécise, de M. de Lamartine, au milieu du choç des idées, des passions et des partis que nous venons de traverser, qui pourrait le choisir pour président sans s'inquiéter du lendemain, sans se demander si sa modération sera assez accompagnée de fermeté et de décision pour décourager l'audace, ranimer la faiblesse, déjouer l'intrigue, consolider enfin la République par l'ordre et la confiance?

Le jour de M. de Lamartine est passé, il reviendra, nous l'espérons : quand la République sera définitivement établie, elle aimera à se parer de lui comme d'un joyau précieux; mais, dans ce moment, il ne s'agit pas de briller, il s'agit de vivre, et la France a besoin, avant tout, d'une sécurité que M. de Lamartine ne lui donnerait pas.

LE GÉNÉRAL CAVAIGNAC.

Nous voici enfin arrivés au candidat désigné par la situation, par la raison, par le bon sens, aux suffrages de tous ceux qui veulent le maintien et l'affermissement de la République sur les bases indiquées plus haut, c'est-à-dire sur la conciliation entre tous les hommes de dévouement, d'ordre et de progrès, quel que soit leur passé, quelles que soient leurs nuances, et sur la répression énergique de tous les hommes de désordre de quelque part qu'ils viennent.

Comme cet écrit n'est point une œuvre de courtisanerie, mais une œuvre de conscience; nous ne ferons nulle difficulté d'avouer que le général Cavaignac n'est point à nos yeux le premier des hommes d'État, nous accorderons si l'on veut qu'il y a peut-être dans l'armée d'autres généraux aussi capables que lui; nous reconnaîtrons, sans peine, que le président actuel du pouvoir exécutif, malgré la fermeté de sa parole, n'est point orateur, en ce sens qu'il ignore les artifices de langage à l'aide desquels on séduit quelquefois les hommes. Nous dirons même que les avantages de cette parole brève, militaire et précise, sont de ceux qu'une assemblée délibérante apprécie vivement, d'abord, parce qu'elle n'est pas accoutumée à les rencontrer dans son sein, mais auxquels elle s'habitue bientôt, et qui risqueraient de perdre, par l'effet d'un long usage, une partie de leur puissance

En un mot, nous sommes loin de prétendre qu'il ne manque rien au général Cavaignac; nous prétendons seulement qu'il ne lui manque rien d'essentiel pour répondre à toutes les nécessités de la situation.

Il n'est pas un orateur brillant, mais tout le monde sait que le président de la République ne sera point, comme le président actuel du pouvoir exécutif, appelé à figurer à la tribune; il parlera par l'organe des ministres. D'où il suit que le talent oratoire est le dernier talent qui lui soit nécessaire.

Il se peut qu'il y ait d'autres généraux aussi capables que le général Cavaignac, mais il ne suffit pas d'être capable, il faut encore être en rapport avec les circonstances au milieu desquelles on est destiné à agir. A ce point de vue, le général Cavaignac a, sur tous ses compagnons d'armes, deux avantages immenses qui lui permettent de faire, dans le sens de la répression du désordre et dans le sens de la conciliation, des choses qu'un autre ne pourrait pas faire.

Quels sont ces avantages? Les voici :

1° Le général Cavaignac a des antécédents républicains;

2° Le général Cavaignac est l'homme de la victoire de juin.

Seul de tous nos généraux, sous la monarchie tombée le général Cavaignac passait pour républicain et ne s'en cachait pas. Il faisait bravement son devoir, restait étranger à toute conspiration, mais ne dissimulait ni ses convictions ni ses désirs. On a dit (que ne dit-on pas!), on a dit que c'était justement à ses opinions républicaines et à son titre de frère de Godefroi Cavaignac que le général aurait dû, sous la monarchie, un avancement rapide et immérité. Le roi Louis-Philippe se serait plu, assure-t-on, à compenser les rigueurs du parquet contre l'aîné des deux frères par des faveurs répandues sur le cadet. Les dates et les faits suffisent pour faire justice de cette assertion ingénieuse qui est précisément le contraire de la vérité.

C'est à la fin de 1832 que le capitaine Cavaignac, sorti depuis dix ans de l'École polytechnique, arriva en Algérie. Quatre ans de services de guerre éminents et d'actions remarquables, entre autres la belle défense de Tlemcen; les notes prophétiques du général Bugeaud, désignant le capitaine Cavaignac comme un officier de *haute capacité* et *propre aux grandes choses*, furent nécessaires pour que le gouvernement se décidât à lui accorder le grade de chef de bataillon.

Quatre ans plus tard seulement, après d'autres services méconnus, après avoir publié sur l'Algérie un ouvrage remarquable, le commandant Cavaignac fut chargé de défendre avec une poignée d'hommes la petite ville de Cherchell contre les attaques furieuses d'une masse de Kabyles qui l'assaillirent pendant douze jours, il déploya contre les Kabyles cette inébranlable fermeté qu'il devait opposer aux insurgés de juin, et le gouvernement ne put se dispenser de lui accorder le grade de lieutenant-colonel au moment même où quelques-uns de ses camarades d'école passaient généraux. Un an après, en 1841, il conquit à la pointe de son épée le grade de colonel à l'expédition de Milianah. Depuis cette époque jusqu'en 1848, sa vie ne fut qu'une suite de combats, entremêlés de grands travaux d'organisation et d'administration, accomplis par lui soit comme commandant de la subdivision de Tlemcen, soit plus tard comme gouverneur de la province d'Oran, et cependant lorsque la Révolution de février éclata l'officier républicain n'était encore que maréchal de camp.

Ses opinions politiques, son mérite de militaire et d'administrateur le désignaient naturellement à l'attention du nouveau gouvernement, qui le nomma à la fois général de division et gouverneur de l'Algérie.

On doit noter, du reste, que, dès le 24 février au soir, le général Lamoricière, que son frère d'armes défendait si noblement l'autre jour à la tribune, le général Lamoricière appelé à l'Hôtel-de-Ville, et consulté sur l'officier le plus capable de porter le fardeau alors écrasant du ministère de la guerre, avait spontanément désigné le général Cavaignac. Ce poste lui fut offert, il le refusa tant que l'armée serait tenue par le gouvernement dans une sorte de disgrâce imméritée; et c'est seulement après que cette défaveur eut cessé qu'il consentit à l'accepter. On connaît les événements qui suivirent; on sait comment la Providence appela le valeureux défenseur de Cherchell à l'honneur de jouer le premier rôle dans cette grande bataille de quatre jours livrée par la barbarie à la civilisation.

C'est en vain que de petites ambitions déçues, de petits ressentiments personnels, profitant des difficultés qui s'attachent en tout temps, et particulièrement dans des temps comme les nôtres, à l'exercice du pouvoir, ont essayé de ternir la gloire conquise en juin par le général Cavaignac.

Ce n'est pas à quelques mois de distance que nous perdrions le souvenir de l'enthousiasme qui nous saisissait tous, gardes nationaux de Paris, gardes nationaux des provinces accourus à Paris, tous unis et confondus dans un même sentiment de reconnaissance pour l'illustre chef dont la main vigoureuse avait enfin terrassé l'anarchie, tous unis et confondus dans un même sentiment d'admiration pour ce langage nouveau d'un soldat vraiment républicain, pour ces proclamations, ces ordres du jour dont la simplicité, le calme, la délicatesse et la grandeur faisaient dire à un évêque : « Mais, général, vous avez des mots et des inspirations comme personne n'en a à notre époque. »

Depuis le jour où le vainqueur de juin, entouré de ses compagnons d'armes, vint avec respect déposer dans les mains de l'Assemblée nationale la dictature dont il avait été investi, depuis le jour où le pouvoir lui fut rendu par l'acclamation unanime de l'Assemblée, qu'a-t-il fait? A-t-il trahi la confiance de l'Assemblée? a-t-il manqué à sa mission, qui était de constituer l'ordre, et de travailler à rétablir la sécurité? a-t-il démérité de la patrie?

Nous en appelons à la conscience de tous les hommes sensés, de tous les patriotes sincères, de tous les bons citoyens.

Le général Cavaignac a pu se tromper quelquefois dans les questions de détail ; éloigné de la France pendant plusieurs années, nouveau venu aux affaires, n'ayant point encore eu le temps de tout voir et de tout juger par lui-même, obligé d'abord de s'en rapporter à des informations, à des témoignages plus ou moins sincères, plus ou moins exacts, plus ou moins intéressés, il a dû nécessairement commettre quelques erreurs, et dans ses choix et dans ses mesures de gouvernement; nous ne le donnons pas comme infaillible, mais nous maintenons que sa ligne de conduite, prise dans son ensemble, est irréprochable.

Quelle a été cette ligne de conduite ? Résumons-la en peu de mots :

Dans les relations extérieures, dans les rapports de la France avec l'étranger, c'est une prudence d'autant plus méritoire qu'elle émane d'un soldat habitué à aimer et à braver le danger, c'est cette conviction juste que la France et la République, que les intérêts permanents du pays et ses institutions nouvelles, ont un besoin impérieux de la paix pour s'amalgamer et s'identifier les uns aux autres, et que la guerre ne doit être entreprise qu'à la dernière extrémité. En conséquence, c'est un langage simple, contenu, réservé, qui succède aux intempérances et aux témérités de parole de la politique précédente, trop souvent disposée à se lancer à l'étourdi, sur les événements d'un jour, dans des promesses dont les événements et les nécessités du lendemain rendaient l'exécution impossible; c'est enfin une saine appréciation de l'état de l'Europe, emportée en ce moment par une sorte de tourbillon révolutionnaire, dont l'aspect varie sans cesse. C'est cette pensée que la France ne doit point s'engager témérairement dans ce tourbillon, qu'elle doit, toujours prête à venir en aide à la cause de la démocratie européenne, attendre néanmoins que cette cause soit suffisamment dégagée de tout ce qui n'est pas elle, attendre que toutes les situations soient suffisamment dessinées, afin de savoir au juste sur quel point, à quel moment elle peut agir avec efficacité, sans compromettre sa puissance, ses intérêts ou son honneur.

Voilà quelle a été dans son ensemble la politique extérieure du général Cavaignac. Le pays lui en ferait-il un crime ? Préférerait-il, par hasard, la politique de *Risquons-Tout !...* Nous ne le pensons pas !

A l'intérieur, en laissant de côté, comme nous l'avons dit, les erreurs de détail, deux grands faits caractérisent la politique du général Cavaignac et recommandent sa candidature à tous les esprits que la passion n'aveugle pas sur les besoins et les intérêts de la France.

Le premier fait, c'est le rétablissement de l'ordre avec ses conséquences, la paix des rues, le découragement des factions, le retour à la confiance et la reprise du travail. Sans doute il reste encore beaucoup à désirer sous ce rapport. Après une commotion pareille à celle des quatre mois qui ont suivi la Révolution de février, la société ne saurait se rasseoir en un jour. Mais quand on compare ce qui est aujourd'hui à ce qui était hier, on se trouve presque dans un autre monde, et l'on reconnaît que la France a fait déjà un immense progrès.

Le second fait qui caractérise la politique intérieure du général Cavaignac, c'est l'entrée aux affaires de MM. Dufaure et Vivien.

L'importance du rétablissement de l'ordre matériel est facilement sentie par tous, mais tout le monde ne se rend peut-être pas bien compte de l'importance politique et morale de la détermination qui a introduit au pouvoir MM. Dufaure et Vivien. Il faut montrer en peu de mots que ce dernier acte du général Cavaignac est un des plus courageux, des plus difficiles, des plus décisifs, des plus utiles pour le salut de la République par un bon système de gouvernement, qui aient été accomplis depuis février.

Qu'on veuille bien se rappeler sur quel mauvais terrain se trouvait d'abord établie la République, excluant en quelque sorte le pays de ses propres affaires, dans la personne d'une foule d'hommes que le pays s'obstinait à entourer de sa confiance et de sa considération. Vainement ce système d'intolérance et de dénigrement était funeste à ceux qui l'employaient, vainement retourné contre eux par l'opinion, il les démonétisait tous et les renversait les uns après les autres; le système, enraciné en quelque sorte dans les choses, survivait aux hommes et continuait à miner la situation. On parlait quelquefois de conciliation, mais aucun homme de la veille n'aurait osé la pratiquer sérieusement, aucun n'aurait osé *attacher le grelot.* Et cependant, pour que la République s'établît, il fallait absolument que la glace fût brisée, il fallait faire disparaître ce mur de séparation élevé entre la minorité des hommes de la veille et la majorité des hommes du lendemain; il le fallait sous peine de mort, car la France aurait fini par détruire violemment cette barrière, la République eût été emportée avec elle et nous retombions dans les angoisses et dans les crises.

Mais, d'un autre côté, comment toucher à cette barrière, comment affronter le courroux de tous ceux qui avaient fait ou croyaient avoir fait la Révolution et qui ne manqueraient pas de crier qu'on la livrait à ses ennemis? C'était s'exposer à être abandonné par les uns, sans être sûr d'obtenir l'appui des autres. La difficulté était grande, et elle eût probablement arrêté tout autre homme que le général Cavaignac.

M. de Lamartine, par exemple, le plus intelligent, à coup sûr, et le moins intolérant des hommes de Février, eût-il risqué cette hardiesse heureuse de confier, sept mois après la Révolution, deux ministères importants à deux anciens ministres du roi déchu? M. de Lamartine ne l'eût pas osé, ne l'eût pas pu; ses antécédents monarchiques, qui, peut-être, n'ont pas peu contribué à sa persistance fâcheuse dans l'intimité de M. Ledru-Rollin, l'eussent, à plus forte raison, empêché de s'aventurer dans une alliance avec MM. Dufaure et Vivien.

Allons plus loin, faisons une supposition ridicule, supposons que l'écrivain le plus hostile en ce moment au général Cavaignac, l'écrivain qui, pour tout argument, répète, chaque matin, que le Président du conseil est l'*incarnation du National*, l'*instrument* du *National*, l'*esclave* du *National*, supposons que cet écrivain fût parvenu à persuader à la République qu'elle ne pouvait se passer de lui et qu'elle devait lui confier le pouvoir exécutif. Est-ce le rédacteur de la *Presse* qui aurait renversé le mur de séparation entre les hommes de la veille et les hommes du lendemain? Est-ce lui qui aurait osé, en matière de *conciliation*, ce que vient d'oser l'*esclave* du *National*, au grand désespoir du *National?* L'homme d'État de la *Presse* s'en serait bien gardé, obligé à tout prix de se faire pardonner son passé, ce n'est pas MM. Dufaure et Vivien qu'il aurait appelés à lui, c'est M. Louis Blanc, c'est M. Proudhon, ou quelque autre encore plus *foncé* s'il l'eût trouvé.

Le général Cavaignac pouvait seul faire ce qu'il a fait et vouloir ce qu'il a voulu; il le pouvait, parce qu'il était un républicain incontestable et incontesté, il l'a voulu, parce qu'il est un esprit droit et un vigoureux caractère.

Quant à nous, après ce grand fait accompli, nous nous sommes dit: La République entre enfin dans la bonne voie, elle accepte loyalement la France, il faut que la France l'accepte avec la même loyauté; le général Cavaignac vient de lever l'interdit qui pesait sur le pays, il faut que le pays se rallie autour du général Cavaignac.

Nous savons bien que de petits Machiavel qui voient du machiavélisme partout n'ont pas manqué de dire: « C'est une ruse pour arriver à la présidence; après, tout changera ! » Et pourquoi, s'il vous plaît, pourquoi, si l'assentiment du pays prouve au général Cavaignac qu'il a eu raison, le général Cavaignac voudrait-il se donner tort aux yeux du pays? Où serait le profit d'une telle conduite?

En somme, dans la situation actuelle, la présidence du général Cavaignac, avec l'esprit qui la dirige aujourd'hui, et qui ne peut manquer de l'animer de plus en plus quand elle aura une vitalité propre, cette présidence simplifie toutes les difficultés.

Pour les républicains les plus ardents, le général Cavaignac reste et restera un républicain sincère, contre lequel ils clabauderont, mais dont ils subiront l'empire, ne pouvant contester son dévouement. Pour les républicains modérés, le général Cavaignac est le seul républicain qui ait, à la fois, la force et la volonté de fonder la République, non sur l'égoïsme d'un parti, mais sur les intérêts de la France.

Utile comme soldat pour comprimer les factions, il est trop intéressé au triomphe des institutions républicaines pour faire ou laisser dégénérer en tyrannie une tension de pouvoir momentanément nécessaire, mais qui diminuera naturellement de jour en jour. Sa vie, son honneur, sa gloire sont engagés dans le succès de la grande expérience que la France fait à cette heure au profit du genre humain tout entier. Personnellement étranger aux luttes de partis qui ont précédé la Révolution de février, il ne peut avoir de préjugés arrêtés ni quant aux hommes ni quant aux choses. Si le pays lui donne une force qu'il est encore obligé d'emprunter plus particulièrement à ce qui l'entoure, il s'habituera de plus en plus à connaître, à juger, à comparer par lui-même, à prendre les choses pour ce qu'elles sont, et les hommes pour ce qu'ils valent.

Dans les questions si graves qui se rapportent à l'amélioration du sort des pauvres, et qui sont en définitive la grande affaire de la République; dans ces questions que les esprits égoïstes ou routiniers refusent d'examiner avec conscience sous prétexte qu'elles servent d'instrument aux ambitieux et d'aliment aux insensés, le général Cavaignac n'a point de précédent, point d'intérêt qui l'oblige à un parti pris d'avance; il examinera ces questions vitales avec un esprit juste et un cœur honnête; il repoussera l'égoïsme aveugle et l'exagération, qui conduisent également aux abîmes, et il voudra faire en ce genre tout ce que la fraternité demande, tout ce que la prudence conseille, tout ce que le bon sens permet.

Voilà pourquoi toutes les opinions qui, par affection ou par raison, veulent le maintien de la République, toutes les opinions qui veulent le progrès social dans les seules conditions où il puisse s'accomplir, toutes les opinions enfin qui veulent préserver notre patrie de nouveaux bouleversements, de nouveaux déchirements, doivent se réunir et voter en masse pour le général Cavaignac.

Ajoutons enfin qu'en présence d'un vote aussi solennel que celui du 10 décembre, non-seulement il n'est permis à personne de s'abstenir en disant : « Que sais-je! » ou : « Que m'importe! » mais c'est un devoir pour tout citoyen qui a une conviction raisonnée et consciencieuse de travailler à la communiquer aux autres. Ce devoir, nous venons de le remplir dans la mesure de nos forces ; c'est maintenant à ceux qui partagent les convictions que nous venons d'exprimer, de les répandre à leur tour par la plume ou par la parole, car il y va des plus chers intérêts de la France.

IMPRIMÉ CHEZ PAUL RENOUARD, RUE GARANCIÈRE, 5.

www.ingramcontent.com/pod-product-compliance
Ingram Content Group UK Ltd.
Pitfield, Milton Keynes, MK11 3LW, UK
UKHW021159230726
13926UKWH00001B/189